AF243602

UNION COLONIALE

FRANÇAISE

STATUTS

PARIS

9, RUE MOGADOR, 9

—

1894

UNION COLONIALE
FRANÇAISE

Statuts

CHAPITRE Ier.

DÉNOMINATION, BUT ET SIÈGE DE L'ASSOCIATION.

ARTICLE PREMIER.

Il est formé entre ceux qui adhéreront aux présents statuts une Association ayant pour titre : *Union Coloniale française.*

ART. 2.

Cette Association a pour but :

1° De rechercher tous les moyens propres à assurer le développement, la prospérité et la défense des diverses branches du Commerce et de l'Industrie dans les Colonies, Pays de Protectorat et Pays d'Influence française, d'organiser le groupement de ses représentants et de concentrer leurs efforts en vue de la protection de leurs intérêts ;

2° De provoquer des réunions ayant pour objet la discussion et l'examen des questions coloniales, ces réunions pouvant être ouvertes à tous les commerçants, même non associés ; de fournir des arbitres et experts amiables dans les litiges commerciaux ou autres qui lui seront soumis par les sociétaires et qui pourront surgir soit entre eux, soit avec tous autres commerçants ou industriels ;

3° D'intervenir, après examen et rapport d'une Commission désignée par elle, dans les instances devant toutes juridictions pour la défense des principes d'intérêt général, et de prendre, au besoin, à sa charge tout ou partie des frais nécessités par cette intervention ;

4° De communiquer aux sociétaires tous les renseignements utiles, lois, règlements, tarifs douaniers, tarifs et cahiers des charges de diverses administrations, et généralement tous documents. et renseignements commerciaux qu'elle s'efforcera de réunir ;

5° D'examiner et de présenter toutes mesures économiques ou législatives reconnues nécessaires, et de les soutenir auprès des pouvoirs compétents par tous les moyens à sa disposition et, notamment, par la publicité (journaux, mémoires), etc.

Art. 3.

Le siège de l'Association est à Paris, au lieu désigné par le Comité.

CHAPITRE II.

ART. 4.

L'Union comprend :

1° Des membres **sociétaires** ;

2° Des membres **correspondants** ;

3° Des membres **adhérents**.

ART. 5.

Pour être admis à faire partie de l'Association à titre de membre **sociétaire,** il faut être Français et avoir la situation de Chef, Administrateur, Directeur ou Fondé de pouvoirs de Maisons ou Sociétés faisant d'une manière suivie des affaires directes dans les Colonies Françaises ou Pays de Protectorat ou d'Influence française.

ART. 6.

Quel que soit le nombre de ses associés, chaque Maison ou Société ne paye qu'un seul droit d'admission et qu'une seule cotisation ; elle n'a droit qu'à une seule voix dans les délibérations, mais tous les membres d'une même Maison ou ses fondés de pouvoirs peuvent assister aux réunions et aux assemblées générales ordinaires et extraordinaires.

ART. 7.

Toute personne ou maison qui voudra faire partie de l'Association, devra être présentée par deux membres sociétaires et adresser sa demande au Président. La demande d'admission doit être faite par écrit et contenir l'adhésion aux statuts ; le Président soumet la demande au Comité directeur qui l'examine et prononce.

Art. 8.

Chaque membre sociétaire doit payer :

1° Un droit d'admission de 1,000 francs (mille) au minimum ;

2° Une cotisation annuelle de 1,000 francs, pendant une durée minimum de trois ans.

Les cotisations annuelles sont payables d'avance.

Tout membre doit sa cotisation jusqu'au jour où il a adressé sa démission écrite au Président.

Le non payement de la cotisation pendant deux ans consécutifs entraîne de droit la radiation.

Art. 9.

Pour être membre **correspondant,** il faut résider dans les Colonies ou Pays de Protectorat ou d'Influence française ; être présenté par un sociétaire, admis par le Comité et payer une cotisation annuelle de 300 francs.

Art. 10.

Pour être membre **adhérent,** il faut résider en France, être présenté par un sociétaire, admis par le Comité et payer une cotisation annuelle de 50 francs.

CHAPITRE III.

ART. 11.

Les membres **sociétaires** ont seuls, suivant les règles établies par ailleurs, le contrôle des opérations du Comité. Ils prennent, en Assemblée générale ou spéciale, toutes les décisions qui importent à l'Union.

Ils jouissent de tous les avantages prévus par l'article 2 et, en outre, de tous ceux concédés aux membres des autres catégories.

ART. 12.

Les membres **correspondants :**

1º Reçoivent toutes les publications de l'Union ;

2º Peuvent s'adresser à elle pour obtenir tous renseignements généraux ou spéciaux, techniques ou non techniques, d'intérêt commun ou d'intérêt privé, et même demander l'étude de telle question déterminée ;

3º Peuvent, en cas de procès. élire domicile au siège de l'Union ;

4º Peuvent, durant leur séjour en France, y faire adresser leurs lettres, y faire leur correspondance, y donner leurs rendez-vous, profiter de la bibliothèque, des journaux, etc.

ART. 13.

Les membres **adhérents** jouissent des avantages stipulés pour les membres correspondants par l'article 12, alinéas 1 et 2.

CHAPITRE IV.

ADMINISTRATION DE LA SOCIÉTÉ.

Art. 14.

L'administration de l'Association et l'organisation de ses travaux sont confiées à un Comité directeur composé de l'ensemble des membres sociétaires et du Secrétaire général.

Le Comité choisit parmi ses membres un Bureau composé d'un président, de deux vice-présidents, d'un trésorier, d'un secrétaire, de deux membres et d u secrétaire général qui aura voix consultative.

Art. 15.

Les membres du Bureau directeur sont élus pour trois années et sont rééligibles. Nul ne peut faire partie du Comité s'il ne jouit de ses droits civils et politiques.

Art. 16.

Le Bureau représente l'Association, d'accord avec le Comité ; il en dresse le règlement intérieur ; il prépare le programme des travaux ordinaires de l'Association ; il a le droit de la convoquer en Assemblée générale extraordinaire ; le Bureau donne suite aux décisions prises en Assemblée générale ordinaire ou extraordinaire, ainsi que dans les Assemblées spéciales dont il sera parlé plus loin. En cas d'urgence, il agit spontanément, sauf à rendre un compte motivé de ses actes d'urgence dans le plus prochain Comité.

Art. 17.

Le Bureau se réunit aussi souvent que l'exigent les affaires courantes, sur la convocation du Président.

Le Comité se réunit au moins deux fois par mois sur la convocation du Président.

Le procès-verbal des séances du Comité est dressé par le Secrétaire général ; il indique sommairement les questions traitées et les décisions prises. Après l'adoption, il est signé par le Président et le Secrétaire.

Art. 18.

Le Président convoque et préside les Assemblées générales de la Société, les réunions du Comité, les réunions du Bureau et les Assemblées spéciales ; il a le droit d'assister avec voix délibérative aux séances des Commissions dont il sera parlé plus loin.

Dans les délibérations, la voix du Président est prépondérante.

Le Président ou le membre du Bureau délégué par lui ordonnance les dépenses, signe les baux et contrats, ainsi que les extraits des délibérations de l'Assemblée générale de la Société et du Comité.

Art. 19.

Le Bureau nomme un Secrétaire général rétribué qui est chargé, sous la surveillance du Bureau, de la correspondance, du classement des renseignements, de la conservation des archives, des publications diverses et de la direction du personnel.

Il est également chargé d'assurer le paiement des dépenses et le recouvrement des recettes. Toutes pièces comptables, reçus, quittances, chèques, etc., sont signées par le Secrétaire général et par le Trésorier collectivement, ou, en l'absence de l'un d'eux, par le Président ou par tel membre du Comité qu'il désignera.

Art. 20.

Un compte rendu annuel des travaux de l'Association est rédigé par les soins du Comité ; il est adressé à chacun des membres, ainsi que toute publication qui paraîtrait utile sur les questions intéressant la Société.

Art. 21.

Le Bureau, ni le Comité, ni aucun des membres qui les composent ne peuvent être tenus responsables des conséquences de leur administration régulière.

La Société n'est pas responsable de l'opinion de ses membres, même dans ses publications.

Le Président fera connaître à l'autorité les changements qui seront produits dans la composition du Comité ; il lui adressera chaque année la liste des membres ainsi qu'un compte rendu de la situation morale et financière de la Société.

CHAPITRE V.

Art. 22.

L'Association se réunit chaque année en Assemblée générale ordinaire, aux jours fixés par le Comité dans le courant du deuxième semestre et vers la fin du premier semestre de chaque année.

Art. 23.

Les convocations aux Assemblées générales ordinaires et extraordinaires sont adressées à chaque membre individuellement, au moins dix jours à l'avance par le Bureau, et indiquent l'ordre du jour.

Art. 24.

Les membres sociétaires font seuls partie des Assemblées générales qui, sauf l'exception indiquée au chapitre VI ci-après, sont valablement constituées quel que soit le nombre des membres présents ou représentés.

Les membres de l'Association qui appartiennent à une même Société ou à une même Maison désignent un des leurs pour prendre part aux votes en leur nom collectif.

La forme des pouvoirs dont devront être munis les mandataires sera déterminée par le Comité.

Nul ne pourra, quel que soit le nombre de ses pouvoirs, disposer de plus de trois voix.

Art. 25.

L'ordre du jour de l'Assemblée générale comprend notamment :

1° La lecture du procès-verbal de l'Assemblée précédente ;

2° Le rapport du Bureau sur l'administration et les travaux de la Société pendant l'année écoulée :

3° L'approbation des comptes ;

4° L'élection des membres du Comité.

Les discussions politiques et religieuses sont interdites dans les réunions de la Société.

CHAPITRE VI.

ASSEMBLÉES SPÉCIALES. — COMMISSIONS D'ÉTUDE.

ART. 26.

En dehors des Assemblées générales ordinaires et extraordinaires, où se traitent les affaires communes de l'Union,
le Bureau peut, de sa propre initiative, convoquer les sociétaires en Assemblée spéciale pour examiner une affaire
déterminée.

ART. 27.

Le Bureau peut aussi, par lettre signée d'au moins trois
membres sociétaires, être saisi d'une demande de convocation d'Assemblée spéciale. Le Bureau examine cette demande et, suivant les cas, ou bien y défère ou bien rend
compte à l'Assemblée ordinaire suivante des motifs de son
refus.

ART. 28.

Quand il y a lieu de convoquer une Assemblée spéciale,
la date et le programme détaillé des questions qui y seront
traitées sont indiqués sur les convocations individuelles
adressées à tous les sociétaires, quinze jours au moins à
l'avance.

ART. 29.

Les délibérations ne pourront être valables que si, dans
ces Assemblées spéciales, le tiers au moins des sociétaires
est présent ou représenté.

Les décisions sont prises à la majorité des membres pré-

sents ou représentés et des votes adressés par correspondance.

Art. 30.

Les procès-verbaux de chaque séance sont adressés par
les soins du Secrétaire à tous les sociétaires de façon à leur
parvenir en temps utile.

Art. 31.

L'étude des questions spéciales peut toujours être ren-
voyée à des Commissions nommés *ad hoc* dont les membres
doivent être sociétaires.

Le rapport sur les questions pour lesquelles elles ont été
nommées, sera soumis aux membres de la Société en temps
utile pour pouvoir délibérer sur les questions qui ont fait
l'objet de ce rapport.

Art. 32.

Une personne étrangère à la Société peut être invitée à
une Assemblée ou à une Commission et y assister dans la
forme prescrite au règlement.

Art. 33.

Les décisions prises dans ces Assemblées spéciales seront exécutées par les soins du Bureau.

CHAPITRE VII.

MODIFICATIONS DES STATUTS. — DISSOLUTION.

ART. 34.

Les statuts de l'Association peuvent être modifiés en Assemblée générale extraordinaire convoquée spécialement à cet effet sur la proposition du Bureau directeur ou d'un nombre de sociétaires représentant le quart des membres de l'Association qui en auront fait la demande par écrit au Comité.

Les modifications, pour être valables, doivent être votées à la majorité absolue par une Assemblée comprenant au moins la moitié des membres de l'Association présents ou représentés. En cas de modifications statutaires, la Société devra solliciter de nouveau l'autorisation prévue par l'art. 291 du code pénal.

ART. 35.

L'Association pourra prononcer sa dissolution en Assemblée générale extraordinaire convoquée spécialement à cet effet.

Les trois quarts des membres sociétaires devront être présents pour que l'Assemblée soit valablement constituée, et la délibération devra être prise à la majorité des trois quarts des membres présents.

La question de dissolution ne pourra être soulevée par un membre isolément ; elle devra être formulée et motivée par une demande écrite, signée par le tiers des membres sociétaires. Cette demande sera adressée au Président et soumise au Comité, qui devra examiner la proposition et en faire un rapport à l'Assemblée générale extraordinaire.

Ce rapport sera imprimé et adressé à chaque membre avec la lettre de convocation.

ART. 36.

Dans le cas où l'Assemblée générale extraordinaire devant statuer comme il est dit aux articles 25 et 26, ne serait pas en nombre pour délibérer valablement, une seconde Assemblée sera tenue après un délai maximum de deux mois après la première, et ses délibérations seront valables, quel que soit le nombre des membres présents ou représentés.

Paris. — Typ. A. DAVY, 52, rue Madame. — *Téléphone*.